藏在博物馆里的中国历史

明朝那些事儿

有识文化 编著

成都地图出版社

成都地图出版社

目录

明朝时期地图

瓦剌

阿尔泰山脉

亦力把里

天山

昆仑山脉

祁连山脉

马

喜马拉雅山脉

《牡丹亭》

明朝戏曲作家汤显祖所著. 剧中
塑造了杜丽娘. 春香等典型形象,
颂扬了天然自发的人性和爱情.

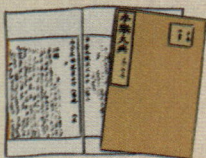

《永乐大典》

明成祖命大臣主持编纂的一
部类书, 涵盖了中华民族数
千年来的知识财富.

嘉峪关

号称"天下第一雄关", 是
明长城最西端的关口.

王阳明

明朝杰出的思想家, 立德.
立功. 立言, 皆居绝顶.

黄花梨木雕
花卉纹藤心圈椅

董其昌
明书画家，擅长山水画，
法出入晋唐，自成一格·

鞑

大兴安岭

长白山脉

景泰蓝瓷器

宣德通宝

阴山山脉

贺兰山

黄河

渤海

黄海

东海

明十三陵

明

长江

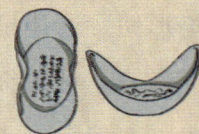
明代银锭

郑和宝船
它在郑和船队中的地位相当于
现代海军中的旗舰·主力舰·

小琉球

南海

明

南海

南海

素瓷斟酌长相偶
——明洪武釉里红三友带盖瓷梅瓶

"新朝革鼎的开国皇帝，用红色来表明正统，以镇民心。"

釉里红三友带盖瓷梅瓶出土于明成祖朱棣的驸马都尉宋琥和安成公主的墓葬，整体器型完整无缺，造型优美，产自景德镇官窑，是现存唯一一件带盖子而且保存完整的洪武釉里红梅瓶，属于国宝级文物。这件梅瓶坯体白而坚致，口小颈短，颈部与肩部往下到腹部的转折颇具线条美，肩以下逐渐收敛，器形修长。瓶盖作钟形，火焰形钮。通体施白釉，白中泛微青，釉质细腻温润。釉里红瓷器色彩华丽鲜艳，造型庄重典雅。釉里红是景

德镇窑的一个瓷器品种，对烧制条件要求高，特别是鲜红色的烧制技术难掌握，所以这件文物十分珍贵。

岁寒三友指松树、绿竹、梅花三种植物，象征着君子的高风亮节，是古代文人才子作画的常用题材。

这件梅瓶美中不足的是其釉里红的釉色欠佳，但是瑕不掩瑜，这件梅瓶仍然作为墓主人的钟爱之物陪葬，同时也是墓主人高贵身份的象征。

文物档案

名称： 明洪武釉里红三友带盖瓷梅瓶

年代： 明代

材质： 瓷

规格： 口径 6.4 厘米

足径 13.5 厘米

瓶高 35.8 厘米

腹深 35.3 厘米

通高 41.6 厘米

最大腹径 68.4 厘米

出土地： 江苏南京

收藏地： 南京博物院

开创基业

明朝的建立史，是一部朱元璋的励志史。

参加红巾军起义

朱元璋的父母早亡，因走投无路而出家做了和尚，后来他投靠了起义军反抗元朝。

军中禁酒令

朱元璋为人十分节俭，他认为酿酒是浪费粮食，所以颁布了禁酒令，还规定江南地区短期内不能种植糯米。

收服人心

朱元璋严明军队纪律，发动百姓进行农业生产，在争取民心的同时，也不断地网罗人才。

高筑墙，广积粮，缓称王

朱元璋的谋士朱升提出了平定天下的战略方针。方针指出，首先要加强大本营建设，提高军事实力；而后发展经济，把"钱袋子"鼓起来；最后不要急于称王，不当"出头鸟"。

时代造就了朱元璋
他带着仇恨
在风起云涌间
成就了一番伟业

鄱阳湖水战

在鄱阳湖水战中，陈友谅指挥失误，在船舱中探头观战时被箭射死。朱元璋以少胜多，奠定了统一江南的基础。

活捉张士诚

张士诚是朱元璋东面的劲敌，朱元璋消灭陈友谅后继续出兵讨伐周边势力，张士诚兵败被俘。

南京称帝

公元 1368 年，朱元璋消灭江南的各路劲敌后，在应天府（今南京）称帝，国号明，他是中国历史上出身卑微的开国皇帝。

攻克大都

明军在大将徐达的指挥下大举北伐，此时的元军早已不是当年称霸天下的铁骑了，元顺帝带着老婆孩子和亲信大臣出逃上都，明军攻克了元大都。

朱元璋开创了一个
两百多年帝国的基业
这是中国历史上最后一个
由汉族人建立的王朝

明代行政机构图

皇帝

（六部）

内阁

吏部

户部

礼部

兵部

（三司

民政和财政

承宣布政使司

司法

提刑按察使司

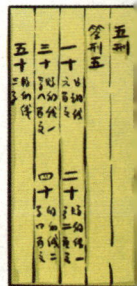

刑部

工部

都察院

五军都督府

锦衣卫、东厂、西厂

军 务

都指挥使司

巩固皇权

朱元璋变革的目的是为了加强中央集权。

灭蜀平滇

朱元璋北伐之后，陆续派兵平定了盘踞四川的明夏政权，消灭了在云南的元朝残余势力，并降服了大理的段氏一族。

杀戮功臣

朱元璋担心功臣武将的势力会威胁到子孙后代，就以"阴谋叛乱"的罪名为由，将丞相胡惟庸和大将蓝玉抄家灭族，前后被诛杀者多达五万人。

刺手荆棘

太子朱标看不惯朱元璋滥杀功臣，朱元璋指着荆棘上的刺，告诉他："这根荆棘就是皇权，功臣就是这些刺，我现在清理干净了，以后你的皇位才坐得舒服。"

严惩贪官

朱元璋出身贫苦，十分痛恨贪官，称帝后掀起了"反贪官"运动，矛头直指从中央到地方的各级贪官污吏，惩治手段十分残酷。

他杀戮功臣
严惩贪污
整顿吏治

文字狱

朱元璋在位时，大量文人因写诗作文时触犯了皇帝的禁忌，而被送上了断头台。

做好文章可当官

八股文是明朝科举考试的限定文体，考试内容限定在"四书""五经"之内，字数也有严格规定，不许考生自由发挥，是当时读书人博取功名的敲门砖。

人口监控普查

朝廷派官员测量土地，普查户口，将人口数量和家庭产业的情况，以及土地数量和面积详细登记在册，以此作为征收赋税的依据。

勤政廉政

朱元璋是中国历史上著名的勤政皇帝，他从来不拒绝增加工作量，从登基到去世，他几乎没有休息过一天。

刚猛治国
改变了元末以来的腐败风气
大明的江山扎稳了根基
也埋下了骨肉相残的隐患

泱泱大明，皇家气象

——永乐甜白釉梅瓶

"这种甜白，是去除了一切杂质的纯粹之美。"

甜白，是明朝永乐年间景德镇窑所创烧的一种白釉瓷器。其釉质温润顺滑，光亮柔和，纯净洁白，像白糖一般的颜色，又称"葱根白"，素有"白如凝脂，素犹积雪"的美誉。

这件甜白釉梅瓶是当时景德镇窑的经典之作，工艺精良，光影照人，展现了当时工匠的制作手艺之高超。永乐甜白釉梅瓶，小口短颈，丰肩平底，胎质细腻，釉面洁净，造型优雅，是永乐厚胎甜白釉瓷中的罕见作品，堪称中国白釉品种的佼佼者，

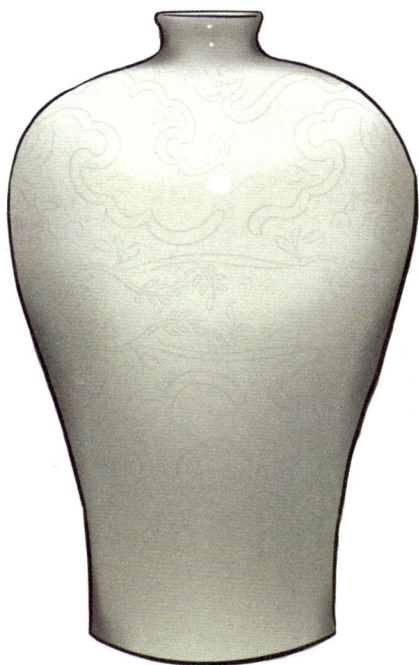

体现了我国较高的白釉烧制水平。

明成祖朱棣喜爱甜白釉，甜白这种颜色在他的眼中称得上是"幸运色"了。朱棣当年在北平做燕王时，有一位名叫姚广孝的高僧毛遂自荐，将一顶白色的帽子送给了他，燕王的"王"字上加一个"白"字正好就是"皇"。后来，朱棣得到了姚广孝的辅佐，发动"靖难之役"，最终夺取皇位，所以说他对白瓷情有独钟。

文物档案

名称：永乐甜白釉梅瓶
年代：明代
材质：瓷
规格：高 34.5 厘米
　　　　口径 5.5 厘米
　　　　足径 12 厘米
出土地：不详
收藏地：天津博物馆

燕王主政

分封藩王削弱了中央统治。

宗室分封

为了明朝的统治能够稳固长久，朱元璋分封大量的朱姓子孙为藩王，镇守各地。藩王势力日益强大，拥兵自重，对皇权构成了极大的威胁。

燕王造反

继位后的建文帝为了削弱藩王势力，大力裁撤藩王，燕王朱棣不愿"束手就擒"，在北平起兵造反。

黑衣宰相

著名的佛学家姚广孝是朱棣的主要谋士，被称为"黑衣宰相"。他不仅规划了北京城的布局，还主持编纂了《永乐大典》。

《永乐大典》

《永乐大典》是明成祖朱棣命大臣主持编纂的一部集中国古代典籍之大成的综合性类书，被称为"世界有史以来最大的百科全书"。

朱棣在叛乱中赢得了皇位
他并不完美：夺位、多病、好大喜功
甚至可以说十分残酷

迁都北京

朱棣继位后大规模地营建北京城，1421 年，明朝正式迁都北京，既巩固了边防，也巩固了明朝的统治。

疏通运河

为了将江南的粮食和物资运输到北京，朱棣疏浚了会通河，开凿了清江浦，使运河重新畅通，加强了南北地区的经济联系。

征服安南

安南（今越南）国内政局动荡，朱棣趁机派兵征讨，成功使安南内属。

远征漠北

朱棣前后 5 次亲征漠北地区，进一步削弱了蒙古势力，巩固了北部边防，而他病逝于第五次亲征的返程中。

但他卓越的领导能力和冒险精神
使大明王朝的力量和影响力
达到了顶峰

修建故宫

古人讲究天人合一，传说天帝居住在紫微宫，因此故宫又称为"紫禁城"。

故宫位于北京城的中心位置，布局南北取直，左右对称。

故宫南北长 961 米，东西宽 753 米，约有房屋 9000 间。

故宫外有皇城、内城、外城层层拱卫，形成众星拱月般的格局。

宫殿建筑房顶满铺各色琉璃瓦，主要殿座以金黄色为主，绿色用于皇子居住区的建筑。

全国各地开采的名贵木材和石料，成为了营建故宫的材料。

在修建故宫的同时，明成祖朱棣还连续下了数十道圣旨修建武当山宫殿群。该宫殿群被誉为"挂在悬崖峭壁上的故宫"。

和平的声音
——郑和铸铜钟

"钟声传万里，祈求海波平。"

明宣宗宣德六年（1431年），郑和第七次奉命远航西洋。他率领船队沿闽江而上抵达南平镇，为祈求风调雨顺，国泰民安，航行顺利，郑和与众人商议后，在南平镇铸了这口铜钟。

铜钟通体呈褐绿色，有如倒扣的锅覆，口形似秋葵花；钟钮为双龙柄，钟肩表面印有12组云气如意纹，钟腹中部以云水波浪纹为样式，同时钟身上还铸有其他纹样；铜钟下部刻有54字铭文："大明宣德六年岁次辛亥仲夏吉日，太监郑和、王景弘等同官军人等，发心铸造铜钟一口，永远长生供养，祈保西洋回往平安吉祥如意者。"铜钟形体朴素古雅，铭文书法精妙，铸造工艺精湛。

郑和下西洋是中国历

史乃至世界历史上的重大事件。然而，海上航行的艰辛是常人所无法想象的，因此，郑和命人打造这口祈福的铜钟，祈求船员们在远航之后都能平安归来。时光荏苒，郑和铸铜钟的声响已经回荡了五百余年，它在向世人宣告着郑和的丰功伟绩。

文物档案

名称： 郑和铸铜钟

年代： 明代

材质： 铜

规格： 通高83厘米
口径49厘米
厚2厘米
重77千克

采集地： 福建南平

收藏地： 中国国家博物馆

郑和下西洋

郑和是一位堪称英雄的大航海家。

爱航海的宦官

在明成祖朱棣决定派船队下西洋时，郑和正当壮年，身材魁伟，知识丰富。他被认为是完成下西洋使命的合适人选。

朱棣的心结

传说郑和下西洋的目的之一，是为了找寻建文帝的下落。朱棣起兵夺位后，建文帝不知所踪，这成为了他的心结。

造船神话

郑和 7 次下西洋，船队最多时有船 200 多艘，最少也有 60 余艘。其中，最大的海船可乘千人，是当时世界上最大、最先进的海船。

特混舰队

郑和船队是世界上最早建立的一支大规模的远航船队，也是一支史无前例的海上特混舰队。郑和船队规模最大时由 200 余艘不同用途、不同船型的远洋海船组成，人员众多，组织严密。

明朝试图建立一个
以中国为主导的
有等级秩序的、和谐的
理想世界

剿灭海盗

郑和船队经过三佛齐旧港时，被凶横的海盗陈祖义阴谋袭击，郑和最终剿灭了海盗团队。

生擒国王

锡兰山国王想谋害郑和，郑和带领两千随从，趁夜突袭，破城而入，生擒了锡兰山国王全家。

远航非洲

郑和第四次下西洋时，首次拜访了非洲东部的麻林地。随后，麻林地遣使到中国进贡"麒麟"（长颈鹿）。

财政危机

明成祖朱棣对外邦朝贡者的大量赏赐，以及组建郑和船队，严重消耗了明朝的国库储备。

明朝坚实的经济基础和物质条件
使郑和得以实现这项壮举
中国人的视野从此更加开阔

郑和宝船

郑和下西洋是明朝一场大规模的海上远航活动，是中国历史上规模较大的一系列海上探险活动。

在7次航行中，郑和率领船队从南京出发，最远到达非洲东海岸和红海沿岸。

郑和宝船是郑和船队中的主体。

船队白天用指南针导航，夜间则通过观看星斗和水罗盘定向的方法保持航向。

郑和下西洋途中，多次平定了海盗和当地的武装进攻。

在非洲，多国使者向明政府进献长颈鹿、狮子、鸵鸟等动物。

28年间，郑和船队先后到达了亚洲和非洲的30多个国家和地区。

郑和船队没有侵占、掠夺，而是始终对所有国家以礼相待，友好交往。

熏炉烟缕缕
——宣德云纹铜熏炉

"一炉香，重塑大明的礼器。"

宣德云纹铜熏炉属于明代铜制品，该炉造型端庄典雅，纹饰繁琐，为缠枝莲纹。

盖上的纹饰镂空，器身为凸起的阳纹。铜炉炉盖如反扣着的碗，有两只象鼻形耳，三只兽形足。炉底刻有"大明宣德年制"楷书阳文款。

这件云纹铜熏炉是明宣宗时期的礼器。明宣宗朱瞻基认为当时典礼所用的礼器与古制不符，下令工部查考秦汉时期的礼器，并结合宋代各大名窑器物形制与宫廷所藏秦汉以来的各式礼器，会同司礼监铸造数千件礼器，以供宫廷礼仪和寺院使用。为了制作出铜炉精品，明宣宗朱瞻基亲自督促，整个制

作过程，他都要一一询问，铸成实物样品必须由其过目，满意后才准开铸。

明朝宣德年间是铜熏炉的巅峰时期。这一时期生产的铜熏炉，后代称为宣德炉，亦称宣炉。宣德炉是由汉代博山炉演化而来，造型古典朴素，深得世人喜爱。宣德炉是中国历史上第一次运用风磨铜铸成的铜器，是明代工艺品中的珍品，又因明宣宗亲自监督铸造，所以具有极高的收藏价值。

农业和手工业

农业和手工业的繁荣发展，奠定了明朝富足的基础。

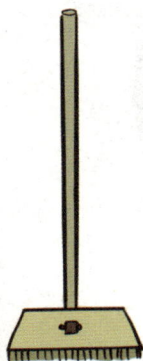

耘荡

耘荡在明代得到进一步普及，它不仅有深层除草的能力，还可以松土，大大提高了农民的劳动效率。

水转翻车

水转翻车是流行于明代的一种水利灌溉农具，利用水流的力量驱动水车的车轮旋转起来，节省下来的人力、畜力可以进行其他生产活动。

漂洋过海的农产品

自明朝开始，太平洋对岸美洲大陆的玉米、甘薯、花生、马铃薯等外来作物逐渐传入中国，并迅速传播开来。

生态养殖法

江南地区出现了生态养殖法。水稻为鱼提供了有机物，鱼消灭了各种浮游生物和稻田杂草，排出的粪便又可作为稻田肥料。

新式织布机

明朝的纺织业十分发达，新式织布机层出不穷，大大提高了织布效率，也增加了布匹的花色和品种。

统治者为了稳固政权
采取了与民方便的政策
促进了经济的发展

造纸业发达

明朝的造纸业广泛分布于南北地区，纸张的品种也多种多样，安徽的宣纸闻名天下，丰富了人们的文化生活。

陶瓷行业

明代的陶瓷制造业进入了一个新的时代，景德镇瓷器占据了全国的主要市场，青花瓷的烧制工艺更是达到了中国青花瓷发展史的顶峰。

冶炼技术

明代的冶炼技术领先于世界，冶炼的设备逐渐大型化，明代中后期的钢铁产量稳居世界第一。

在欧洲传教士的眼中
中国的耕地像花园一样井井有条
没有一块荒地
中国产的糖比欧洲的白
布比欧洲的美

祝融神兵
——景泰铜火铳（chòng）

"电光火石之间，强虏灰飞烟灭。"

火铳又称"火筒"，是中国最早的金属射击火器，明军曾装备了大量的火铳。这件火铳由前膛、药室和尾銎3部分组成，药室有小孔，可以放置导火线，铳身刻有"景泰元年造，天威叁百捌拾叁号"的字样，说明了这件火铳的制造时间是景泰元年（1450年），序号是第383号。

士兵在使用火铳时，点燃由药室引出的导火线，从而引燃药室内的火药，借助火药燃气的爆发力，将预先装入前膛内的石弹或铁

弹射出，攻击敌人。现代的枪炮就是在此基础上演变而来的。

到了明朝末年，西方传教士带来了更先进的鸟铳和火炮，火铳逐渐被取代。在明末的战争中，作战各方纷纷委托西方传教士代购或研制欧洲的先进火器，谁拥有了先进的火器，谁就可能在战争中取胜。

文物档案

名称： 景泰铜火铳

年代： 明代

材质： 铜

规格： 长 26.1 厘米
口径 10 厘米
底径 9.1 厘米

出土地： 不详

收藏地： 中国国家博物馆

由盛转衰

祸乱不断，内外交困。

太监专权

太监王振倚仗着明英宗的宠信，勾结内外官僚，作威作福，独揽朝中大权，是明朝第一代专权的宦官。

三杨辅政

明英宗继位时才9岁，三位内阁大学士杨士奇、杨荣、杨溥共同辅佐朝政，人们称之为"三杨辅政"。

于谦御敌

瓦剌部以明英宗为人质，大举进攻北京，于谦率军击退了瓦剌大军，挽救了明朝。

土木之变

蒙古瓦剌部入侵明朝边境，王振怂恿明英宗亲征瓦剌部。结果明军在土木堡大败，明英宗也被俘虏。

皇兄弟的博弈

明英宗被赎回后，弟弟朱祁钰不想把皇位还给他，就将他软禁起来。趁朱祁钰病重时，石亨、徐有贞等人发动政变，拥戴明英宗重登帝位。

長期相对稳定的局面
使得统治者不再勤于政事
宦官窃取朝政大权

老妻少夫

明宪宗有严重的"恋母情结"，他继位时才 18 岁，却偏偏宠爱已经 35 岁的万贵妃。

西厂

为了加强特务统治，明宪宗在东厂之外增设西厂。西厂不仅人数比东厂多一倍，职权也比东厂和锦衣卫大。

弘治中兴

明孝宗在位的 18 年间，勤于朝政，任用贤能，政治一片清明，社会经济繁荣，人民安居乐业，史称"弘治中兴"。

玩乐皇帝

明武宗宠信宦官，十分贪玩，特地建造娱乐场所，让大臣扮演老板、伙计，太监和宫女扮成商贩，自己扮作公子哥在其中闲逛。

政治的黑暗与腐败
使得社会矛盾日益尖锐
朝廷失去了安定的局面

土木之变

明英宗第四次北伐时，在土木堡败于瓦剌，自己也被俘虏。

明英宗轻信宦官王振，不顾群臣反对，同王振率大军御驾亲征

大小军政事务皆由王振专断，行军路线多次变化，士兵疲惫。大军驻扎在土木堡时，被瓦剌军队追上。

瓦剌军队假意谈和，趁明军松懈之时发动突袭。原本疲惫的明军猝不及防，被瓦剌军队迅速击溃。

土木堡

明英宗身边护卫纷纷战死，他见突围不成，只好跳下马来，面向南方，束手就缚。

此战大量明朝官兵战死，明朝文武中枢大臣近乎被扫空，明军最精锐的三大营几乎全军覆没。

勾画浓淡皆相宜
——掐丝珐琅鱼藻纹高足碗

"碗盛不下它傲然独立的高贵气质。"

掐丝珐琅鱼藻纹高足碗是一件堪称高贵美艳的掐丝珐琅器，它是碗中的另类。高足碗又称靶碗，外观美丽，实用方便，流行于元、明、清三代。

这件高足碗撇口，上为碗形，下承高足，配木制底座。碗内为白色地，饰以鱼藻纹；碗外为天蓝地，饰番莲纹。器型端庄厚重，比例协调。掐丝珐琅又被称为"景泰蓝"，制作工序复杂，制造工匠用铜丝在铜质胎体上铆焊成各种图案，然后给图案填充上五彩的珐琅质色

釉，经高温成色后，磨光镀金而成。"景泰"是明代第七位皇帝朱祁钰的年号，景泰年间掐丝珐琅的技术比较成熟，使用的珐琅釉多以蓝色为主，故而得名"景泰蓝"。景泰蓝工艺不仅运用了青铜工艺，还吸收了瓷器工艺，

同时大量运用了传统绘画和雕刻技艺，是集多种工艺为一体的复合性工艺过程，因此自古便有"一件景泰蓝，十箱官窑器"之说。

值得一提的是，明代时期大量的高足碗传入了西藏地区，成为当地最为常见的器物造型，通常用于盛装鲜奶、酥油、青稞酒、清水等供品。高足碗是中国各民族文化交流的历史见证。

社会生活

明代，人们对精致生活有着更高的追求。

结婚有讲究

明朝婚礼大多要经过六个程序，平民结婚有法定年龄的要求，严禁指腹为婚和近亲结婚，结婚的彩礼也不能收太多。

饮食文化

随着物质的丰富和文化的繁荣，民间饮食也有所发展，大量海外食材的出现，丰富了原本的菜系、菜式。

穿错衣服很要命

明朝的服饰规格大致仿照唐宋时期，平民不能穿黄色的衣服，材质只能是绸、绢、素纱和布，允许农民带斗笠上街，对衣服的袖长和袖宽都有严格规定。

资本主义萌芽

明代中后期，江南的手工业领域出现了资本主义性质的生产关系，即雇佣关系。资本主义萌芽对经济发展起到了推动作用。

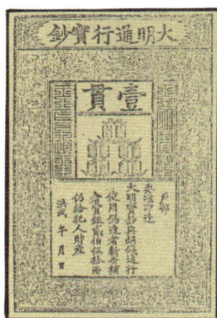

明朝货币

明初通用的纸币是"大明宝钞"，由于宝钞的滥发和海外白银的输入，白银成为了主要的货币，纸币逐渐被取代。

文人雅集

文人士大夫经常在山水园林之中集会，他们写词、作画、下棋，不亦乐乎。人们将这种艺术性的活动称为雅集。

随着经济的发展和政策的修改
禁令变得松弛
社会生活也更加丰富多彩
这是雄厚国力展现出来的自信

明朝建立之初
统治者制定了各种严厉的规定
社会风气趋于严苛

通俗小说繁荣

明代的小说创作进入一个新的阶段，加入了各种鬼神志怪，其中最著名的为《水浒传》《三国演义》《西游记》《金瓶梅》。

官员福利

明朝官员的工资收入很少，每月只能休息 1~3 天，但他们的住房、出行、衣食等花费基本由国家来支付和补贴。

牝鸡逐队雄鸡绚

——成化斗彩鸡缸杯

"皇帝钟爱的吉祥酒杯。"

斗彩鸡缸杯是明代成化年间景德镇御窑厂烧制的，属于皇室用品，要求极高，故而传世数量极少。斗彩是釉下青花与釉上彩相结合的彩瓷品种，创烧于明朝宣德年间，成化年间的斗彩最受推崇。

斗彩鸡缸杯杯体小巧，杯型如缸，敞口，浅腹，卧足。器物线条精细柔韧，造型端庄清雅，胎质洁白细腻，白釉柔和莹润。杯身外部有群鸡画面两组：一组有雄鸡回首顾盼，母鸡低头寻食，三只小鸡分别奔向母鸡作扑食状；另一组有雄鸡引颈高啼，母鸡正在啄食蜈蚣，三只小鸡环绕着母鸡。整个画面自然生动，充满天伦之乐的生活气息。斗彩鸡缸杯需要经过两次入窑烧造，瓷器的釉色以及画面中鲜红、叶绿、鹅黄、姜黄、黑等色彩，

均需通过精确地控制窑温而成，从而形成釉上、釉下彩绘争奇斗艳的艺术效果。

　　成化是明朝第八位皇帝明宪宗朱见深的年号，斗彩鸡缸杯是明宪宗的御用酒杯，深得他的喜爱。据说明宪宗曾欣赏到宋代的《子母鸡图》，画面中母鸡带着几只小鸡觅食，场景温馨，回想自己年幼时的坎坷遭遇，心生感慨。也许正因为如此，明宪宗萌发了制作成化斗彩鸡缸杯的心愿。

文物档案

名称： 成化斗彩鸡缸杯
年代： 明代
材质： 瓷
规格： 高 3.4 厘米
　　　　口径 8.3 厘米
　　　　足径 4.3 厘米
收藏地： 故宫博物院

思想教育

明朝是中国哲学思想发展的高峰时期。

陆王心学

心学是儒学的一个学派，陆九渊和王阳明是其代表人物。心学认为心是宇宙的本原，心中的理就是世间万物的理。心学的出现成为儒学发展史上的一个重要转折点。

西学东渐

明朝后期开始，传教士开始在中国传播西方的学术思想和科技成果，产生了巨大的影响。

王守仁

明朝杰出的思想家，号阳明，创立了"阳明心学"，对后世影响极大，世人称之为阳明先生。

传统儒学的异端

明代思想家李贽，是一位以"奇谈怪论"闻名天下的奇士。他不满于专制皇权，终生为争取个性解放和思想自由而斗争。

国子监

朱元璋在位期间，建新国子学，后改国子学为国子监，将它作为全国的最高学府和教育管理机构。

东林书院

东林书院是明代最著名的书院之一，它不仅是教育学术机构，还是舆论中心和哲学探讨中心。

社学

明朝在乡村广泛设立社学，民间15岁以下儿童都要送入社学读书，对培养儿童的学习习惯等都有具体规定。

私人学校

私塾是一种开设于家庭、宗族或乡村内部的民间幼儿教育机构，私塾先生一般由科举落第的秀才担任。

程朱理学已显得陈腐
理学家也墨守成规
心学成为了维护明王朝统治的
精神支柱

三色调和，浑然天成

——法华高士出行图罐

"罐上的人物，仿佛从云雾中走来。"

法华是在琉璃的基础上发展起来的一种陶瓷装饰技法，始于元代，明中期以后盛行。法华瓷器是将彩画中的立粉技术运用到陶器上，再分别加入黄、绿、紫三色釉料，填出底子和花纹色彩，再入窑烧制而成。

法华高士出行图罐内部以绿色涂饰，外表以紫色釉料为底，采用立粉技法以孔雀绿、白色等彩堆塑纹饰，整个罐体饰以如意云纹和莲瓣纹，腹部通景绘高士出行图，每个场景之间以草木、山石和纹饰相隔，既独立又衔接。整个画面内容表现得

丰富多彩，疏密有致，呈现出鸟语花香、云雾缭绕的景象。法华高士出行图罐画面生动活泼，施彩艳丽，富有立体感。

民族关系

统一多民族国家得到进一步巩固。

西藏八王

明朝为加强对西藏地区的管理，分封了三大法王（大宝法王、大乘法王、大慈法王）和五大地方之王（阐化王、护教王、赞善王、辅教王、阐教王），合称"西藏八王"。

茶马古道

明朝在西藏地区设立了乌思藏都司。这一时期，藏族人民用马匹来交换内地茶叶的商道——茶马古道尤为兴盛，促进了西藏与内地的经济文化交流。

草原民族也通商

蒙古部落威胁着明朝的北方边境，双方议和后，明朝在边境开设了多处贸易市场，定期进行交易。

新疆人管新疆

明朝在新疆东部设立了哈密卫等军政机构，任用当地贵族和头目担任各卫所的指挥官。

奢香夫人

　　奢香夫人为元末明初人，是中国古代杰出的彝族女政治家，她带领人民修筑道路，设驿站，沟通了内地与西南边陲的交通，促进了民族团结。

改土归流

　　明朝时期，开始废除西南各少数民族地区的土司制度，改由朝廷委派流官进行统治，这有利于少数民族地区社会经济的发展。

宝岛民族

　　东南地区的商品经济迅速发展，越来越多的汉族人民乘船到台湾与当地的高山族人民进行贸易，还带去了先进的生产技术。

明代女真

　　明朝政府在东北地区设置了奴儿干都司，管辖含女真族在内的各民族，加强了各族人民之间的往来和联系。

明朝厚待归附的各族百姓
华夷本一家
多民族的融合与发展
才是维护国家统一的良方

金风玉露一相逢
——金蝉玉叶饰件

"破茧重生，一如崭新的大明王朝。"

南京博物院所藏的这件金蝉玉叶饰件，形神惟妙惟肖，闪烁着金光。金蝉立于玉叶上，双翼微张，蝉翼轻而薄，蝉足为三对，一对前足翘起，一对后足微微抬起，整个蝉体形象逼真，栩栩如生。金蝉之下有一片玉叶，材质为新疆和田羊脂白玉，打磨得十分轻薄，玉叶上的叶脉凹凸感强，颇具真实感。玉叶与金蝉浑然一体，可谓明代手工业的杰作。

金蝉玉叶饰件出土于苏州五峰山博士坞的明代弘治年间进士张安晚家族墓地的14号墓，出土时位于墓主人的头部，由此可以看出这件物品是当时女子头上的发簪。

蝉又称"知了"，"知"谐音"枝"，"金蝉玉叶"也就为"金枝玉叶"。"金枝玉叶"一词是中国古代对女子的赞美，这件金蝉玉叶饰件也是墓主人尊贵身份的象征。古人认为，蝉的羽化象征死者能够重生，所以这件器物又有着期盼死者来世再生的意义。

繁华的苏州

"天上天堂，地下苏杭"中的是"苏"，指的就是苏州。

苏州商品流通频繁，商业贸易发达，是全国性的中心城市。

明朝苏州丝织业的兴盛超越前朝，极为繁盛，出现了新型的雇佣劳动关系。

由于工商业发达，苏州中心城区的人口密度居全国第一。

高超的工艺技术和奢华的社会风俗，使苏州引领着当时社会的时尚。

苏州出现城市化趋势，涌现了大量规模可以与府城、县城匹敌的市镇。

苏州的田赋收入是全国第一，商业税收和手工业税收也居全国前列。

苏州不仅经济发达，还具有浓郁的尚文氛围和悠久的诗词书画传统。

宫廷浮华笔上生
——《汉宫春晓图》

"优雅的仕女，再现了古雅生活的意趣之美。"

《汉宫春晓图》是明代画家仇英创作的一幅绢本重彩仕女画。该画描绘了春日晨光中的汉代宫廷的生活状态，画中后妃、宫女、皇子、太监、画师共有115人，人物千姿百态，神采跃然图上，处处洋溢着欢乐愉悦的气息。

其中，画师毛延寿为王昭君写像的故事也在画中得到了体现。《汉宫春晓图》用色明丽鲜艳，人物服饰、宫廷建筑和青山绿水的背景在画家的手中搭配得恰到好处。

《汉宫春晓图》空间层次感极强，房屋和院子将画

面一分为二，不同人物的活动空间安排使得画面的空间被拉开，人物活动错落有致，细节描绘则使得画面充满节奏。如此繁复的构图，精巧的设计，细腻的笔法，没有高深的绘画技巧是难以完成的。

仇英是明代绘画大师，艺术风格独特，擅长人物画，尤其是仕女画。《汉宫春晓图》是仇英的得意之作，是中国十大传世名画之一，被誉为中国"重彩仕女第一长卷"。

文物档案

名称：《汉宫春晓图》

年代：明代

材质：绢

规格：纵 30.6 厘米
　　　横 574.1 厘米

收藏地：台北故宫博物院

暗流涌动

皇帝的喜好成为了左右朝政的风向标。

刘瑾专政

宦官刘瑾靠进献飞禽走兽来博取明武宗的欢心，逐步窃取了朝政大权。

宁王造反

明武宗没有子嗣，宁王朱宸濠想让自己的儿子成为太子，就趁着朝局混乱，密谋造反，结果很快被朝廷平定。

流民起义

明宪宗统治时期，失去土地的农民遍布全国各地，流民不堪政府暴政，在荆襄山区发动了大规模的起义。

更换父母的争议

朱厚熜继承了堂哥明武宗的皇位，内阁首辅杨廷和认为朱厚熜应尊武宗之父为皇考（宗法意义上的父亲），称自己的生父为皇叔考，一场长达数年的大礼议自此开始。

嘉靖新政

明世宗在政治和经济方面推行了近二十年的改革，取得了显著效果，国家实力逐渐恢复。

南倭北虏

东南沿海一带的倭寇侵扰和北部边境的蒙古部落袭扰，是长期困扰大明朝廷的两大问题。

奸臣的趋炎附势
使得明朝政治日益腐败
人民的苦难和社会的动荡
由此愈加深重

皇帝将一部分权力赋予宦官
让他们干预朝政
去解决皇帝的烦心事

宫女也起义

明世宗晚年迷信道教，喜怒无常，备受残害的宫女们忍无可忍，图谋杀死皇帝，却因为太过紧张而失败。

严嵩专权

明世宗多年不理朝政，奸臣严嵩及其儿子严世蕃，逐步把持朝政，权力遮天。

荒唐的正德皇帝

正德皇帝即明武宗，是明代历史上最为荒唐的皇帝之一。

明武宗给自己改了名字，还加官进爵，命令户部给自己发工资。

明武宗因为自己生肖属猪，曾一度下令全国禁食猪肉，但他自己仍然食用猪肉。

明武宗精通佛教经典和梵语，曾亲披僧衣与藏僧一起诵经演法。

明武宗在宫内建店铺，让太监扮作老板、百姓，自己则扮作富商做买卖。

豹房是明武宗的"游乐场"，里面不仅有凶猛的野兽，还有美食和美女。

明武宗对自己的军事才能特别自信，自封为大将军，还亲自率军和蒙古军队打过一仗。

头上的奢华之色
——簪镶宝石金冠

"宝石与金色的冠体交相辉映，彰显了主人的尊贵气质。"

古代的冠是一种可以将头发梳理起来的装饰物，是中国服饰制度的一个重要组成部分。

这件簪镶宝石金冠是益庄王朱厚烨王妃万氏的随葬品，是一件精美的束发首饰。金冠由圈、盖、檐和舌四部分组成，圈为带状小金片制成的镂空环，呈椭圆形。椭圆形的冠盖覆置于圈上，中线处为两条拱形横筋，装饰着宝石9颗，檐和舌上都镶嵌着宝石。金冠上有两小孔，孔内各插一枚金簪用于固定。簪镶宝石金冠精美绝伦，富贵华丽，金冠上对称镶嵌着各色宝石，熠熠生辉，金丝细如发丝，编织精巧，充分体现了明代金银工艺的高超技术，是一件不可多得的艺术珍品。

益庄王朱厚烨是明宪宗朱见深的孙子，他非常朴素，

比较低调，其墓中的器物比较少，但是在他的王妃万氏的墓中，却出土了数百件金器、玉器，有的黄金首饰甚至连皇后都没有。由此可以看出，朱厚烨对王妃万氏是多么宠爱。

文物档案

名称：簪镶宝石金冠

年代：明代

材质：金、宝石

规格：高 5 厘米
　　　　宽 13 厘米
　　　　簪长 11.2 厘米、11 厘米

出土地：江西抚州南城县

收藏地：中国国家博物馆

明代文学

明代是小说、戏曲等大众化的文学艺术形式突出发展的时期。

《三国演义》

元末明初小说家罗贯中以三国的史实为基础，经过艺术加工后创作了小说《三国演义》，是中国章回体小说的开山之作。

《西游记》

吴承恩创作了神话小说《西游记》，以"唐僧取经"这一历史事件为蓝本，描绘了一个神奇瑰丽的神话世界。

《水浒传》

元末明初小说家施耐庵的《水浒传》，描写了北宋末年，以宋江为首的一百零八条好汉在山东梁山泊聚众起义的故事。

《杨家府演义》

《杨家府演义》描写北宋名将杨业及其子孙英勇抗击外患的故事，是杨家将小说的重要代表作，在杨家将故事的流传过程中具有重大意义。

明代诗文作家及作品的数量远在唐宋之上
却没有出现像唐宋时期
李白、杜甫、苏轼那样的文学巨匠

三言二拍

"三言二拍"是明代五本著名传奇小说（冯梦龙的《喻世明言》《警世通言》《醒世恒言》和凌濛初的《拍案惊奇》《二刻拍案惊奇》）的合称，题材广泛，内容丰富，反映了当时市民阶层的生活面貌和思想感情。

《牡丹亭》

《牡丹亭》是明朝戏曲作家汤显祖的代表作，标志着明代传奇发展的最高峰。

《封神演义》

《封神演义》主要描述了武王伐纣的故事，共 100 回。现在，这部小说被翻拍成了多部电影和电视剧。

《剪灯新话》

《剪灯新话》是明代诗人瞿佑撰写的文言短篇小说集。该小说集反思社会动乱，描摹了文士穷困潦倒的处境，讽刺了以虚名和门第获得晋升的社会风气。

市民阶层文艺需求日益增长
出版印刷业出现了空前的繁荣
各种文学艺术形式得到了迅速的发展

母仪天下的象征
——孝端皇后凤冠

"欲戴其冠，必承其重。"

凤冠，中国古代皇帝后妃的冠饰。大概从汉朝开始，皇后、太后的仪制服饰中开始加入凤凰形象，王冠成为名副其实的"凤冠"。中国现存凤冠不多，明朝孝端皇后的凤冠便是其中特别珍贵的一顶。

孝端皇后凤冠是用漆竹扎成帽胎，面料以丝帛制成，前部饰有九条金龙，口衔珠滴，下有八只点翠金凤，后部也有一只金凤，共九龙九凤。金凤凤首朝下，在走动的时候，珠滴可以像步摇那样摇晃。翠凤下有以红蓝宝石为中心的珠宝钿，其间点缀着翠兰花叶。后侧下部左右各饰点翠地嵌金龙珠滴三博鬓，博鬓上嵌镂空金龙、珠花璎珞，金翠交辉，富丽堂皇。

孝端皇后性情温和，但不受明神宗宠爱，也没生下

皇子。她虽不得宠，但也不争宠，对两宫皇太后非常孝顺关怀，得到两宫皇太后，尤其是明神宗生母李太后的欢心和群臣的认可，故能正位中宫长达42年。为了显示自己的嫡母气度，她关怀太子，调和内外，使得非己出的太子朱常洛（后来的明光宗）多次逃脱灾祸。

内忧外患

天灾人祸加速了明王朝的崩溃。

明朝的"朝鲜战争"

万历二十年（1592年），掌握日本大权的丰臣秀吉大举进攻朝鲜，明朝发兵救援，前后花了7年时间才把日军赶回老家。

来自东北的强敌

明神宗后期，东北地区的女真族强大起来。1616年，努尔哈赤统一了女真各部，建立后金政权，严重威胁明朝北部。

木匠皇帝

明熹宗对朝政毫无兴趣，但是他的"副业"——木匠技术非常了得。他做起木工来废寝忘食，连专业的木匠看了他的作品后都自叹不如。

魏忠贤专权

明熹宗宠信的宦官魏忠贤，被称为"九千九百岁"。当时，朝中的大小事都要先请示魏忠贤，以致人们"只知有忠贤，而不知有皇上"。

萨尔浒之战

后金建立后，明朝派遣大军进攻后金，由于明军指挥不当，后金以少胜多。此次战役是明清战争史上一个重要的转折点。

宁远大捷

明军在与后金军的宁远之战中使用了西洋大炮，在这次大战中，明军打败了后金军。

天启大爆炸

1626 年，明朝发生了一场离奇的大爆炸事故，导致死伤无数。有人上书说这是上天降灾，要求皇帝勤政爱民。皇帝颁发"罪己诏"，自我检讨了一番。

兄终弟及

落水生病的明熹宗服用"仙药"身亡后，他的异母弟弟朱由检继位，为明朝的最后一位皇帝。

**女真族的强大
对明朝构成了严重威胁**

张居正改革

为了应对严重的土地兼并与财政危机，内阁首辅张居正进行了一场变法革新运动。

颁行考成法，规定六部和都察院把所属官员应办的事情定立期限，分别登记在三本账簿上，并逐月进行检查。

在军事上，赋予边关将领更多主动权，提高了自主攻守能力。在加强作战力量的同时，又积极改善蒙汉关系。

推行"一条鞭法"，把各州县的田赋、徭役及其他杂征合为一条，征收银两，按亩折算。

张居正还下令清查被皇亲国戚、官员豪强侵占的土地。

张居正改革使明朝财政收入增加，社会经济有所恢复和发展，但触动了官僚、缙绅的利益。张居正死后，改革也很快失败。

金碧辉煌的中药仓库

——万历款黑漆描金药柜

"小小的金柜，大大的乾坤。"

初看这个黑漆描金药柜，其外形与衣柜没有太大的区别，但是它金碧辉煌的描金工艺让人惊叹。描金是指在漆器表面用金色描绘花纹的装饰方法，常以黑漆作底。战国时，中国彩绘漆器已成功地运用描金技法。

万历款黑漆描金药柜整体呈方形，采用对开门设计。柜内中间是个八角旋转柜，由80个小抽屉组成，这种旋转设计最大程度上节省了空间，使用起来十分方便。两侧还有20个长抽屉，每个抽屉都分为3格，柜门下面

也有3个大抽屉。抽屉面上有涂金名签，标明了中药名称，全部抽屉加起来一共能放140多种药材。该药柜的木工技艺精良，外观无比精美，通体黑漆描金，门正面及柜两侧绘有描金开光龙纹，柜门内侧对称地描绘有蜂蝶

飞花图，富丽华贵。

万历款黑漆描金药柜是为明神宗特制的药柜。明神宗身材肥胖，行动不便，有严重的腿部疾病，加上他平日里吸食鸦片，所以导致身体多疾病，长期不上朝理政，但是大臣认为明神宗是"装病"。明神宗为了证明自己有病，只好命令工匠为自己制作了这个药柜，来堵住大臣的"悠悠众口"。由此可以看出，皇帝也有无可奈何的时候。

文物档案

名称：万历款黑漆描金药柜

年代：明代

材质：木

规格：高 94.5 厘米
　　　横 78.8 厘米
　　　纵 57 厘米

收藏地：故宫博物院

科学技术

明朝的科学技术水平依旧处于世界领先地位。

《本草纲目》

明代医药学家李时珍通过 27 年的努力，编写了《本草纲目》，堪称东方的医药宝典。

《徐霞客游记》

明代地理学家徐霞客经过长达 34 年的旅行，创作了散文游记《徐霞客游记》，系统地考察了中国的地质地貌，描绘了中国大好河山的风景资源。

《天工开物》

由明代著名科学家宋应星编写的《天工开物》，是世界上第一部关于农业和手工业生产的综合性著作，外国学者称它为"中国 17 世纪的工艺百科全书"。

《农政全书》

徐光启是明朝的大官，也是大科学家，他所著的《农政全书》，全面总结了中国古代农业生产的先进经验、技术革新，以及他关于农学的创新研究成果。

明朝对于西方先进的科学技术
并没有一概地拒绝
一些具有远见卓识的学者们大力推荐
造福了整个民族

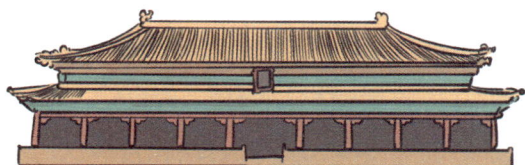

故宫

北京故宫于明成祖时期修建，是明清两代的皇家宫殿。故宫建筑群规模宏伟壮丽，在形体、空间、色彩等方面采用了一系列当时较先进的建筑手段，是建筑学中的典型代表。

宇宙大探究

中国现存最早的浑天仪于明朝正统三年（1438年）由钦天监仿制。明朝还建成了中国历史上的第一部天文望远镜。

古代的石油井

1521年，明代的第一口石油井在四川嘉州建成，这也是世界上的第一口石油井。

天花也能预防

明朝隆庆年间，宁国府太平县试行用人痘接种的方法来预防天花病。这项技术后来被传入欧洲，刺激了牛痘的发明。

相比于后世满清的闭关锁国
明朝科学技术上的光芒
格外耀眼

明朝太监的"那些事"
——银鎏金御马监太监腰牌

"太监的权势也可以如此之大。"

腰牌是中国古代表示官阶等级和用作凭信的牌饰，一般系于腰间。腰牌最早起源于夏商周时期的玉制"牙璋"，多用金银、玉石、名贵木料等珍贵材质制成。历朝历代对于腰牌的佩带有严格规定，级别、身份不同，所佩腰牌的质地、形制也不相同，它是身份和权力的象征。

该腰牌为银质，通体鎏金，呈钟形。腰牌两面边缘凸起，顶部雕刻着祥云纹，祥云纹中穿有一小孔。腰牌的一面刻"御马监太监"，

一面刻"忠字三十八号"，是御马监太监出入皇宫的凭证。

明朝是中国历史上第三个出现了比较严重的宦官专权现象的朝代，皇帝如果感觉到来自外朝文官的威胁，往往会提拔宦官，让他们去制约外朝群臣。御马监是明朝宦官机构十二监之一，据史料记载，御马监不只是一个养马的机构，还掌管着兵符等调兵事宜，与兵部关系密切。由此可以看出，御马监太监虽然品级不高，但因掌管兵符，职位重要，权力极大。

厂卫情报图

锦衣卫、东厂和西厂是明代三大特务机构。

锦衣卫不仅是皇帝的侍卫亲军和仪仗队，还从事侦察、逮捕、审问等工作。

大臣宋濂在家摆酒宴，朱元璋便立刻收到了关于这次酒宴的详细情报，从参加的人员到桌椅的布置，无一不包。

大臣刘伯温曾借用锦衣卫的力量查案，发现锦衣卫的情报网已经渗透到了每个角落，连皇子皇孙身边都有人监视。

锦衣卫的首领锦衣卫指挥使，一般由皇帝亲信武将担任；东厂、西厂的头目，多由司礼监太监充任。

厂卫都可以不通过司法机构，直接奉诏行事，任意逮捕吏民。

许多锦衣卫以奴仆、护卫甚至亲戚的身份进入王公大臣家中，暗中监视他们的一举一动。

妙手丹青应如是

——《董其昌山水册》（其一）

"山川与河流交相辉映，正如明人的风骨。"

　　明代画家董其昌所画山水册，册中之景多为山水木石。山石多用披麻皴、点子皴，或者以干笔皴擦、淡墨晕染而成。所绘山峰或劲峭险峻，或苍莽开阔，或云雾朦胧，各具神采，饶有潇洒之气。

　　董其昌在临摹古人画作的基础之上，还富有新意；"临古"而"变古"正是董其昌所追求的绘画境界。

　　董其昌擅长山水画，师法于董源、巨然、黄公望、倪瓒等人，是"华亭画派"杰出代表，代表作品有《秋兴八景图册》《昼锦堂图》《烟江叠嶂图跋》等。他强调以古人为师，但反对单纯机械地模仿抄袭。他

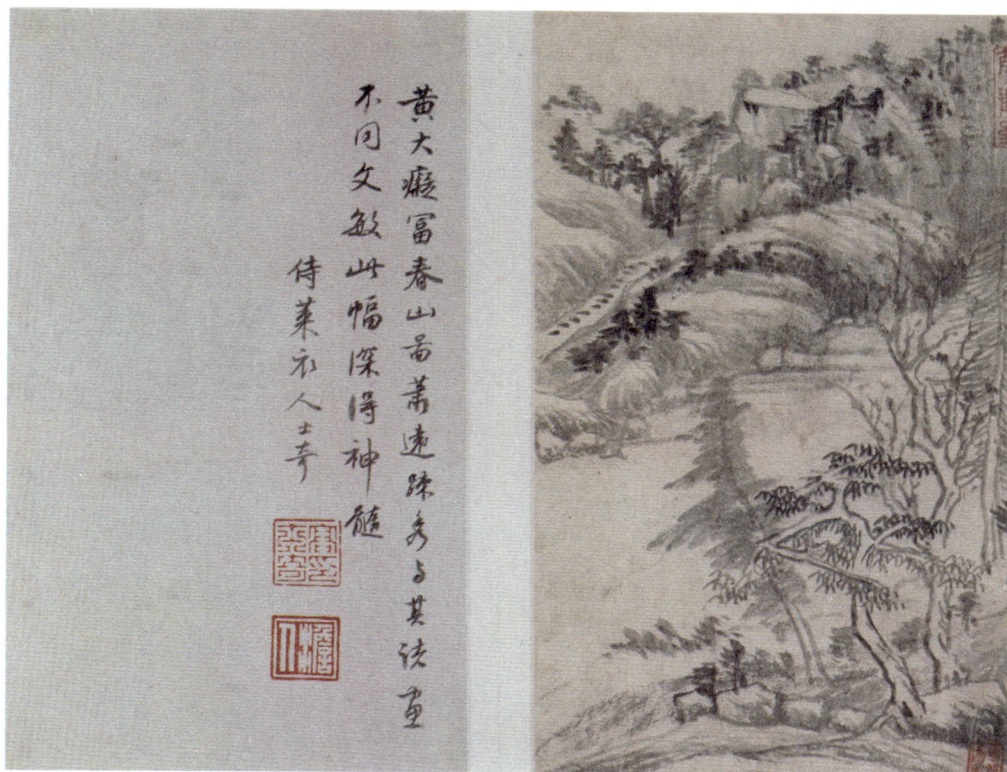

黄大痴富春山画萧远疎秀与其法画
不同文敏此幅深得神髓
侍莱亦人士幸

凭借着自己对古人书画技法得失的深刻领会，融合变化，达到了自成一法的境界。除了绘画以外，董其昌在书法诗文领域也颇有成就，著有《画禅室随笔》《容台文集》等。

书画诗文

明代是中国书画诗文史上的一个重要阶段。

戴进

著名画家戴进，擅画山水、人物、花鸟、虫草等各类题材，是"浙派绘画"的开山鼻祖。

追求自由的画家

画家沈周出身富裕，一生居家读书，从未应科举，过着隐居田园的生活，追求精神上的自由。

风流才子唐伯虎

著名书画家唐寅，人称"唐伯虎"，他记忆力超群，读书速度奇快，靠卖画为生，还盖起了自己的"别墅"——桃花庵。

董其昌

著名书画家董其昌，不仅擅长山水画，其书法也自成一格，兼有"颜骨赵姿"之美，对后世影响极大。

六指书法家

著名书法家祝允明，人称"祝枝山"，右手有六根手指。他的书法作品行云流水，天下无双。

社会稳定
经济繁荣
文化发达
使得明朝的文化名人辈出

前后七子

"前后七子"的 14 位文人推行文学复古，反对迂腐不通的八股文。他们内部或相互拍马屁，或相互排挤。

唐宋派

唐宋派反对"前后七子"的复古主义，他们虽然指出了"前后七子"的毛病，但自身也存在很多问题，不能从根本上改变文坛的局面。

衣冠制度
典章文物
审美情趣
把中华文明推向一个新的高度

公安派

明代后期的文学流派——公安派认为，作家要表现个性、流露真情，在晚明的诗歌、散文领域中，他们的声势最为浩大。

士人生活图

　　明代的文人士子是富有个性，不计得失，追求风雅的独特群体。

仇英以卖画为生，文征明每次都为他的画题字，以使他的画能卖出更好的价钱。

董其昌退隐期间，人们纷纷找他写字作画，出身寒门的董其昌身价暴涨。

散文家张岱为了学到最正宗的斗鸡训练方法，暗中寻访斗鸡名家的后代。

唐伯虎与祝枝山是莫逆之交，二人互相串门不必通报，临别无需相送。

王阳明和湛若水互相欣赏，分别之时经常写诗相赠，相互鼓励。

明代文人士子喜好结社，常常结伴成群，纵情山水之间。

中正平和

——潞王"中和琴"

"跌宕起伏的旋律，让人徜徉于高山流水之间。"

潞王"中和琴"由明代潞王朱常淓（fāng）所斫制。此琴规整雅致，器身修长，琴面漆黑光亮，琴底项部用楷书书写琴名"中和"，落款为"敬一主人"，是潞王朱常淓的别号。潞王曾制琴四百余张，统称为"潞琴"，它们的外形、规格大致如一，琴背都刻有琴铭"中和"二字，而且每张都刻有编号。此琴底部龙池内环刻字为"大明崇祯丙子岁季秋，潞国制，壹佰肆拾叁号"，可知此琴是第143张。崇祯帝把潞琴视作珍品，作为赏赐给诸王的礼物。后来，"潞王式"发展成了古琴的一种著名形制。

琴为四艺之首，明代是古琴发展的重要时期，出现了盛极一时的虞山琴派，代表人物徐上瀛的著作《溪山琴况》对后世影响颇大。明代宁王朱权所编纂的《神奇秘谱》与汪芝所编的《西麓堂琴统》，都是存世古琴谱中较具代表性的作品。

潞王朱常淓，号"潞佛子"，著有古琴谱《古音正宗》，编有围棋谱《潞藩辑纂万汇仙机棋谱》十卷。

据说他的指甲长六七寸，需要用竹筒保护着。清军南下时，潞王朱常淓因投降清军而在历史上留下了不光彩的一笔，但他在音乐上的成就是不容忽视的。

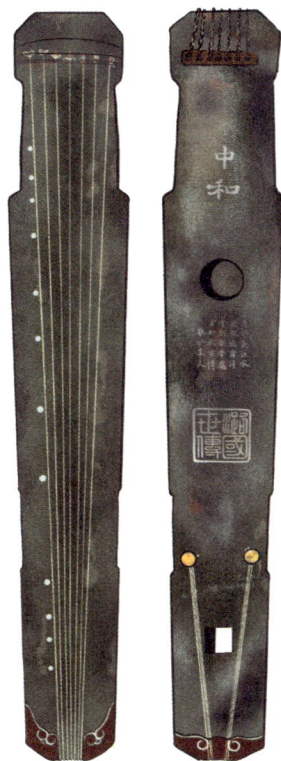

文物档案

名称： 潞王"中和琴"
年代： 明代
材质： 木
规格： 通长 120.8 厘米
　　　　隐间 133 厘米
　　　　肩宽 18.6 厘米
　　　　肩厚 5.8 厘米
　　　　尾宽 14.2 厘米
　　　　尾厚 4.8 厘米
出土地： 不详
收藏地： 重庆中国三峡博物馆

政治制度

明朝政治制度比以往历代都更加完备。

废除丞相制度

朱元璋认为丞相的权力过大，以"图谋不轨"的罪名诛杀丞相胡惟庸后，废除了沿用1600多年的丞相制度，规定后世子孙不能再立丞相。

皇帝的"秘书团"

朱棣完善了文官制度，朝中逐渐形成了内阁制度。内阁大臣是皇帝的顾问，起初少有参加决策的机会。后来，内阁权力日益增大，成为明朝行政中枢。

锦衣卫

锦衣卫是明太祖朱元璋设立的直属特务机构，专门从事侦察、逮捕、审问等工作，可以逮捕任何人，进行秘密审讯，皇亲国戚也无例外。

秘密警察机关

朱棣设立了由亲信宦官掌握的东厂，权力在锦衣卫之上。东厂帮助皇帝监视朝廷官员及其他政治力量，还能随意缉拿臣民。

丞相制度从明代开始被永远废弃
皇权与相权的斗争以皇权胜利而告终

五军都督府

五军都督府是明朝时期统领全国军队的最高军事机构。各府只负责统领士兵，调兵之权在兵部，遇到战争，军队的调遣和最高指挥权还是在皇帝手里。

卫所制度

卫所制度是明朝的主要军事制度，主要目的是为了加强国家对军队的控制。卫所机构分布于全国，主要负责各地的防卫与戍守。

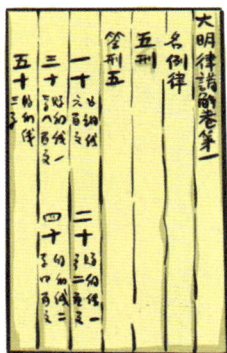

《大明律》

《大明律》是明朝的主要刑法典，正式颁行于明太祖洪武三十年（1397年）。它总结了历代法律施行的经验和教训，其内容大多为清律所沿袭。

内阁虽然得到了皇帝的青睐
但是皇帝仍然心有顾忌
于是派宦官加以牵制
锦衣卫和东厂无孔不入
让皇帝将权力牢牢地捏在手里

都察院

朱元璋设置都察院，负责纠察、弹劾官员，整肃官场纪律。若发现有官员胡作非为，无论其品级有多高，都察院御史都可以直接对其提出弹劾。

犀角丰盈玉不如

——莲叶形荷花口犀角杯

"酒杯虽贵，却装不下无尽的醉意。"

犀角就是犀牛角，比象牙更为稀有。在古代，犀角与夜光璧、明月珠齐名，如果能用犀角杯喝酒，绝对算得上是奢侈的享受。犀角杯用料珍贵，雕工精湛，拥有一只犀角杯是当时绝对值得炫耀的一件美事。

明代莲叶形荷花口犀角杯呈深杏黄色，整体造型古朴自然，在整根犀角上，各种雕刻手法运用得炉火纯青。犀角根部雕成凹陷的荷叶状作为杯身，杯身下部雕成花束状的杯柄，花束状杯柄由六支花枝组成，且造型

不尽相同，有梅花、兰花、荷花等。犀角杯最下面有海水纹的紫檀木托，古香古色，与犀角杯浑然一体。整只杯设计巧妙，雕刻精美，是明代犀角雕件中的上乘之作。

据李时珍的《本草纲目》

记载，犀角是清热解毒、定惊止血的良药。所以，在中国古代，经常把犀角做成酒杯，将犀角的药性溶于酒中，在饮酒的同时，亦能达到消除疾病、强身健体的目的。如今，犀牛已被列入《世界自然保护联盟濒危物种红色名录》，其角已禁止入药，更不准雕刻艺术品。因此，明朝时期所留下的犀角杯已是稀世珍宝了。

文物档案

名称： 莲叶形荷花口犀角杯

年代： 明代

材质： 犀角

规格： 通高 30 厘米
口径 14.9 厘米

出土地： 不详

收藏地： 天津博物馆

娱乐活动

明朝的娱乐生活丰富多彩。

冰上娱乐项目

冬天时，明代贵族在木板上面放上椅子或铺上草垫，自己坐于其上，让人牵着绳子拖动木板，在冻结的湖面上滑行。他们一边欣赏雪景，一边饮酒作乐。

古代高尔夫

捶丸是中国古代一种用球杖来击打小球入洞的运动，也是明朝士大夫阶层的休闲娱乐活动，又因其活动量不大，所以深受明朝妇女的喜爱。

斗蟋蟀

明代盛行斗蟋蟀，甚至连皇帝也经常和宫女、太监一起趴在地上斗蟋蟀。明宣宗朱瞻基最喜欢斗蟋蟀，被称作"蟋蟀皇帝"。

明朝的扑克牌

明朝的马吊牌十分火爆，玩法和今天的扑克牌类似。当时，人们逮着机会就会玩上一局，因打牌而输得倾家荡产是十分常见的现象。

商品经济的高速发展
改变了城市的风气
促使市民阶层的意识觉醒

说书

民间说书非常热门，因此明代出现了大量的小说，热门故事有武松打虎等。说书使文化的传播范围更加广泛。

明朝杂技

杂技是明朝市井中的重要活动项目，有很多杂技团体走街串巷表演绝活儿，观众人山人海。

楼船演剧

江南地区河湖密布，富商和达官贵人们会专门买船请人来演戏唱曲，行为高调且奢华。

宫廷娱乐机构

明朝宫廷娱乐活动的掌管机构是太常寺、教坊司与钟鼓司。明神宗时期，又增加了两个娱乐机构——玉熙宫和四斋。

百姓们不再固守传统
社会面貌焕然一新
有的生活准则被打破
大家充分享受着
物质所带来的快乐

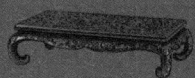

大美木艺

——剔犀有束腰鼓腿彭牙云纹长方几

"漆语无言，再现古典家具之美。"

剔犀是一种工艺，一般用黑、红两种色漆交替刷在胎上形成一定的厚度，然后用刀以45度角雕刻出不同图案，由于在刀口的断面显露出的漆层与犀牛角断层面肌理效果相似，故得名"剔犀"。鼓腿彭牙指家具的腿部从束腰处彭出，然后向后内收，呈弧形，足部向内翻，呈马蹄形，存世明代家具一般都采用这种做法。

这件方几采用剔犀工艺，方几往下逐渐向内收缩，鼓腿彭牙式，肩部向外彭出，足底向内翻呈马蹄状，近似半圆球状。方几面上采用剔犀云纹，这种线条效果独特，生动形象，装饰效果更是富有变化。方几的雕刻刀法纯熟，线条流畅，制作工艺精致独特，堪称明代家具中的较高工艺水平。

明代手工业发达，城

镇经济高速发展，从而使得家具需求量居高不下。郑和下西洋后，大量名贵木材从海外引进，我国家具历史在明代达到了一个高峰期。这些精美的家具能直观地反映出当时人们的审美情趣和文化观念，蕴涵着历尽繁华而不衰的深厚的文化底蕴。

明朝灭亡

大明王朝在风雨飘摇中落下了帷幕。

李自成起义

明朝末年，农民起义不断，李自成也杀死贪官起义。他英勇善战，被称为"闯将"。后来，他成为起义军的领袖，人称"李闯王"。

起义军大聚会

明朝末年，天灾不断，农民纷纷暴动起义。为了抵抗明朝大军的镇压，各路农民起义军首领在荥阳聚会，共商大计。

八大王张献忠

张献忠是明朝末年的农民军领袖，自号"八大王"，后来带兵攻入四川，建立了大西政权。

崇祯自缢

1644年，李自成率军攻破北京，崇祯皇帝在煤山的歪脖树上自缢身亡，明朝政权宣告灭亡。

清军入关

清军在明朝将领吴三桂的带领下大举进入山海关内，击败李自成的大顺军，攻占北京，随后逐渐统治了全国。

南明王朝

明朝灭亡后，明朝的宗室先后在南方建立政权，沿用"大明"国号。因为活动地点在南方，所以称为"南明"。

浙闽小朝廷

清军攻破南京后，南明大臣在福州又拥戴了一位新皇帝——隆武帝。

桂王政权

桂王朱由榔在广东称帝后，率领南明的残余力量在西南一带继续抵抗清军。

崇祯皇帝殚精竭虑也挽救不了败局
天子守国门
君王死社稷
他保全了皇家的体面与尊严

明代历史大事记

1368—1644 年

| 1368 年 | 1399 年 | 1421 年 | 1573 年 |

南京称帝

1368 年，朱元璋消灭江南的各路劲敌后，在应天府（今南京）称帝，国号明。

燕王造反

建文帝大力裁撤藩王，燕王朱棣不愿"束手就擒"，在北平起兵造反。

迁都北京

朱棣下令营建北京城，随后迁都北京，巩固了明朝的政治中心。

张居正改革

明神宗初期，内阁首辅张居正进行改革，强化了中央集权，提高了国防力量。

1619 年

1626 年

1636 年

1644 年

萨尔浒之战

明朝政府派兵进攻后金，却因指挥不当，导致明军惨败。

义军领袖

李自成成为了起义军的领袖，人称"李闯王"。

宁远大捷

明军在与后金军的宁远之战中使用了西洋大炮，打败了后金军。

崇祯自缢

1644 年，李自成率军攻破北京，崇祯皇帝在煤山的歪脖树上自缢身亡，明朝政权宣告灭亡。

图书在版编目（CIP）数据

藏在博物馆里的中国历史·明朝那些事儿 / 有识文化，成都地图出版社编著；李红萍绘 . -- 成都：成都地图出版社有限公司，2022.3

ISBN 978-7-5557-1858-1

Ⅰ.①藏… Ⅱ.①有… ②成… ③李… Ⅲ.①中国历史—明代—通俗读物 Ⅳ.① K209

中国版本图书馆 CIP 数据核字（2021）第 263597 号

藏在博物馆里的中国历史·明朝那些事儿

CANG ZAI BOWUGUAN LI DE ZHONGGUO LISHI · MINGCHAO NAXIE SHIR

策　　划	唐艳
主　　编	鄢来勇　刘国强　黄博文
副 主 编	姚　虹　范玲娜　唐艳
责任编辑	陈　红　魏玲玲
审　　校	魏小奎　吴朝香　王　颖　赖红英　田　帅
责任校对	向贵香
审　　订	肖圣中　邹水杰　毋有江　李春燕　李青青
	聂永芳　刘国强　姚　虹　张　忠　程海港
出版发行	成都地图出版社有限公司
印　　刷	运河（唐山）印务有限公司
经　　销	全国各地新华书店
开　　本	880 毫米 ×1230 毫米　1/16
印　　张	6
字　　数	80 千字
版　　次	2022 年 3 月第 1 版
印　　次	2022 年 3 月第 1 次印刷
书　　号	ISBN 978-7-5557-1858-1
审 图 号	GS（2021）8904 号
定　　价	36.00 元